Inhalt

Das brauchst du im Garten 4
Das Beet vorbereiten 6
Pflanzen und vermehren 8
Töpfe, Kübel, Sack oder Beet? 10
Gießen 12

Blumenkind 14
Konservenblumen 16
Essbare Blüten 18
Gießkanne selbstgemacht 20
Blütenkränzchen 22
Bunte Samentüten und Stecker 24
Gartenzwergbande 26
Lavendelmännchen 28
Sonnenblumen 30
Samenbomben 32

Obst und Gemüse 34
Kleine Aufzuchtstation 36
Gemüsekisten 38
Gemüsekauflädchen 40
Möhrentüte 42
Vogelscheuche 44
Bunte Beetbegrenzung 46
Erdbeer-Türmchen 48
Kartoffelkindergarten 50

Kartoffeldruck 52
Minitomaten 54
Kürbisse 56

Kräuterhexchen 58
Kräuter 60
Spielzeuglaster-Kräuterbeet 62
Tier-Stecker 64
Monstertöpfe 66
Dino-Duft-Dschungel 68
Pfefferminze 70
Mini-Garten 72
Flauschige Insekten 74

Garten für Tiere 76
Feengärtchen 78
Wassertümpel im Bottich 80
Vogelplanschbecken 82
Regenwurmhotel 84
Insektengucker 86
Vogelfutter 88
Käferketten 90
Unterwassergucker 92

Buchtipps 94
Impressum 96

Das brauchst du im Garten

Umgraben, Hacken, Rechen, Gießen – das sind nur einige der Aufgaben, die dich im Garten erwarten. Mit dem richtigen Werkzeug fällt dir die Arbeit leichter.

Diese Sachen sollten zu deiner Gartengrundausstattung gehören:

Gartenhandschuhe:
Schützen deine Hände vor Dreck und kleinen Verletzungen, z. B. durch bestimmte Pflanzen, wie Brennnesseln oder Rosen.

Gummistiefel:
Halten deine Füße trocken und dürfen ruhig dreckig werden, denn sie lassen sich ganz leicht abwaschen.

alte Klamotten:
Bei der Gartenarbeit wirst du leicht schmutzig. Als Arbeitskleidung eignen sich deshalb alte Klamotten besonders gut.

Gießkanne:
Ohne ausreichende Bewässerung deiner Pflanzen tut sich nichts im Garten, deshalb Gießen nicht vergessen!

Handschaufel:
Mit einer Handschaufel gräbst du Pflanzlöcher, um Kräuter, Blumen oder Gemüsesetzlinge einzupflanzen.

Gartenschere:
Mit einer Gartenschere kannst du Kräuter, Blumen und Sträucher ab- oder zuschneiden.

Handhacke:
Eine Handhacke hilft dir beim Unkraut jäten und beim Auflockern des Bodens.

Spaten:
Mit einem Spaten fällt das Umgraben der Erde leichter. Außerdem brauchst du ihn, um tiefe Löcher zu graben, wenn du z. B. einen Baum oder Strauch pflanzen möchtest.

Rechen:
Mit einem Rechen glättest du Beete oder sammelst Laub zusammen.

Schubkarre:
Eine Schubkarre erleichtert dir den Transport von Blumenerde, Unkraut oder Laub.

Das Beet vorbereiten

Vielleicht gibt es ja ein kleines Beet in eurem Garten, das du ganz alleine für dich bearbeiten und bepflanzen darfst. Es muss nicht groß sein, ein Quadratmeter reicht. Bevor du in deinem eigenen Reich lospflanzen kannst, gilt es, das Beet vorzubereiten. So stellst du sicher, dass die Samen später gut keimen und die Pflanzen üppig wachsen können.

Entferne zunächst sehr gewissenhaft alle Unkräuter aus deinem Beet. Dann knöpfst du dir die großen Steine und Wurzelreste vor.

Grab jetzt die Erde mit einem Spaten um. Wenn du vorhast, in deinem Beet Gemüse anzupflanzen, mach den Boden noch nährstoffreicher, indem du ein bis zwei Eimer Komposterde untergräbst. Zum Schluss ziehst du die Oberfläche mit einem Rechen glatt. Die Ränder vom Beet markierst du mit Steinen oder Ästen.

Die meisten Pflanzprojekte in diesem Buch kannst du aber auch prima in Töpfen oder Kübeln umsetzen.

Pflanzen und Vermehren

Samen beim Keimen zuzusehen, ist ein kleines Abenteuer.
Selbst riesige Bäume sind aus einem klitzekleinen Samenkorn gewachsen.

Von einigen Pflanzen, die du im Frühjahr ausgesät hast, kannst du im Herbst die Samen nehmen, um sie im nächsten Frühling wieder neu auszusäen.

Samen erntest du immer von den ganz gesunden, kräftigen und hübschen Pflanzen. Dabei musst du darauf achten, die Samen so lange wie möglich an der Pflanze ausreifen zu lassen. Wenn sich die Samenhülle öffnet und braun ist, dann ist der richtige Zeitpunkt gekommen. Schneide mit einer Gartenschere die Samenstände ab und leg sie zum Trocknen in eine mit Küchenpapier ausgelegte Schachtel.

Vollständig ausgetrocknete Samen bröselst du dann aus ihren Hüllen heraus und verstaust sie in kleinen Schraubgläsern oder Tüten. Vergiss nicht, deine Behälter mit Etiketten zu beschriften, damit du im nächsten Frühjahr noch weißt, welche Samen zu welcher Pflanze gehören. Bewahre deine Samen an einem trockenen und dunklen Ort auf. Im besten Fall sind sie drei Jahre lang keimfähig.

Diese Blumen- und Gemüsesorten eignen sich gut für die eigene Samenernte: Sonnenblumen, Ringelblumen, Mohn, Kapuzinerkresse, Erbsen, Bohnen und Kürbisse.

Auch Blumenzwiebeln kannst du vermehren. Viele von ihnen entwickeln Tochterzwiebeln, das sind kleine Zwiebeln, die neben der Mutterzwiebel heranwachsen. Wenn du im Herbst z. B. Tulpen ausgräbst, kannst du die Tochterzwiebeln von der Mutterzwiebel abtrennen und beide für sich wieder einpflanzen. Im nächsten Jahr bilden sich daraus größere Zwiebeln und eine zweite Tulpe entsteht.

Töpfe, Kübel, Sack oder Beet?

Falls du keinen eigenen Garten hast, kannst du trotzdem gärtnern. Ganz viele Pflanzen wachsen auch prima in Töpfen oder Blumenkästen.

Hättest du gedacht, dass sich leere Klorollen, Pappbecher und sogar leere Eierschalen super dafür eignen, darin Pflanzen vorzuziehen? Sie alle kannst du nämlich, wenn die Pflanze zu einem Setzling (also einer größeren Pflanze) geworden ist, einfach mit ins Beet einpflanzen.

Auch alte Töpfe, bunte Plastikschüsseln oder Zinkwannen kannst du bepflanzen. Achte darauf, dass sie Löcher im Boden haben, damit deine Pflanzen keine nassen Füße durch Stauwasser bekommen. Das mögen sie nämlich nicht so gerne.

Du kannst sogar Plastiksäcke oder -taschen als Pflanzgefäße nutzen und wenn du es ganz schlicht und einfach haben willst, schneidest du einfach einen Sack Blumenerde auf der Oberseite auf und pflanzt dort hinein.

Gießen

Genügend Wasser ist für deine Pflanzen besonders wichtig. Ohne Wasser können sie die Nährstoffe, die sie zum Leben brauchen, nicht aus der Erde aufnehmen. Deshalb darfst du auf keinen Fall vergessen, regelmäßig zu gießen. An heißen Tagen versorgst du deine Pflanzen am besten morgens früh oder abends vorm Zubettgehen mit Wasser.

Achte darauf, dass deine Pflanztöpfe über ausreichend große Löcher verfügen, damit überschüssiges Gießwasser ablaufen kann. Die meisten Pflanzen stehen nicht gerne längere Zeit im Wasser.

Für kleine Töpfe wäre es besonders praktisch, wenn du dir eine kleine Gießkanne zulegst. Sie schüttet nur einen feinen Strahl aus, mit diesem triffst du besser.

Bei größeren Flächen, z. B. einem ganzen Gemüsebeet, ist das Bewässern mit einem Gartenschlauch am einfachsten, dabei kann dir ein Erwachsener etwas behilflich sein.

Konservenblumen

Blütenpracht in der Dose

Material

- Zinien
- Konservendosen
- Kabelbinder
- Acryllack in Orange, Gelb, Türkis, Pink, Rosa und Blau
- Kastanienbohrer
- Bleistift mit Radiergummi

1 Für diese schicken Pflanztöpfe brauchst du zuerst ein paar leere Konservendosen. Diese befreist du außen vom Papieretikett und spülst sie gründlich aus. Streich jede Büchse in einer Farbe deiner Wahl mit Acryllack an und lass sie gründlich trocknen. Wenn die Farbe nicht so gut deckt, überstreichst du die Dose ein zweites Mal.

2 Verzier deinen Pflanztopf mit Streifen, indem du ihn in der Hand hältst und einmal ringsherum mit dem Pinsel fährst. Oder du tupfst Punkte drauf. Dafür tunkst du den Radiergummi eines Bleistifts in Farbe und stempelst damit Punkte auf den Topf.

3 Ein Erwachsener bohrt für dich mit dem Kastanienbohrer Löcher in den Boden, damit das Gießwasser ablaufen kann. Dann werden mittig zwischen Ober- und Unterkante deiner Dose zwei weitere Löcher nebeneinander im Abstand von ca. 5 cm gebohrt. Jetzt fädelst du den langen Kabelbinder von außen durch eines der beiden Löcher hinein und durch das andere Loch wieder heraus.

4 Zum Bepflanzen gibst du zunächst eine ca. 5 cm hohe Schicht Erde auf den Boden der Dose. Dann nimmst du die Blumen aus dem Blumentopf, stellst sie in die Dose und füllst rundherum Erde auf. Den Kabelbinder legst du mit den Enden einmal um einen Pfosten, Zaunpfahl oder das Balkongitter und ziehst ihn fest.

Essbare Blüten

Leuchtend und lecker

Bestimmt hast du schonmal im Sandkasten beim Spielen „Gänseblümchensuppe" gekocht. Aber wusstest du, dass es einige Blumen gibt, die tatsächlich essbar sind? Das Tolle daran ist, dass sie nicht nur hübsch aussehen, sondern auch noch lecker schmecken und gesund sind! Manche Blumen schmecken sehr intensiv, andere haben hingegen wenig Eigengeschmack, sind dafür aber sehr dekorativ auf dem Teller.

Am wichtigsten ist aber, zu lernen, welche Blüten essbar sind und welche nicht. Denn nicht alle sind genießbar und einige sind sogar giftig. Also frag im Zweifelsfall immer jemanden, der sich gut mit Pflanzen auskennt.

- Veilchen (mild)
- Gänseblümchen (nussig)
- Schlüsselblumen (mild)
- Ringelblumen (pfeffrig)
- Rosenblüten (mild)

- Kapuzinerkresse (leicht scharf)
- Lavendel (mild)
- Taglilien (mild)
- Borretsch (schmeckt wie Gurke)
- Zucchiniblüten (mild)

Ganz wichtig:

Du solltest nur Blüten von ungespritzten Blumen verwenden. Bei Pflanzen aus deinem eigenen Garten kannst du sicher sein, dass sie frei von Chemikalien sind. Pflück sie erst kurz bevor du sie brauchst, denn sie welken schnell und verlieren an Aroma. Wähle nur die Blüten aus, die ganz geöffnet und frisch sind.

Spaß macht es, Blüten in Eiswürfeln einzufrieren. Ernte schöne essbare Blütenblätter aus deinem Gärtchen und leg sie in einen Eiswürfelbehälter. Gib etwas Wasser und vielleicht noch ein paar rote Johannisbeeren hinzu, dann ab damit ins Gefrierfach. Überrasche deine Freunde mit einem bunten, kühlen Sommergetränk!

Gießkanne selbstgemacht
Die Ruck-Zuck-Brause aus der Plastikflasche

Material
- leere Waschmittel-Plastikflasche in Weiß, 1,5 l
- Masking Tape, verschiedene Muster
- transparentes Paketklebeband
- Prickelnadel
- Kastanienbohrer

1 Zuerst säuberst du die Plastikflasche innen und außen. Spül sie gründlich aus, damit keine Waschmittelrückstände mehr darin sind. Das Etikett der Flasche kannst du beim Spülen einweichen und entfernen.

2 In den Deckel der Flasche stichst du mithilfe einer Prickelnadel Löcher. Willst du, dass viel Wasser aus deiner Gießkanne herauskommt, bohrt ein Erwachsener für dich weitere Löcher mit dem Kastanienbohrer in den Deckel hinein.

3 Schnapp dir ein paar Rollen buntes Masking Tape und kleb je einen Streifen einmal um den Bauch der Flasche herum. Über die Masking Tape Streifen klebst du einen breiten Streifen durchsichtiges Paketklebeband. Jetzt kann die Flasche rundherum nass werden, ohne dass die Verzierung darunter leidet.

4 Füll Wasser in deine Gießkanne und schraub den löchrigen Plastikdeckel wieder drauf. Jetzt kannst du losziehen und deine Pflanzen wässern.

Blütenkränzchen

Eine Runde Frühling als Kopfschmuck

Blumen können in vielerlei Hinsicht Freude machen – im Garten, in der Vase und auch auf dem Kopf. Blütenkränze zu binden geht ganz leicht und zaubert gute Laune!

Material

- verschiedene Blüten (Margeriten, Bartnelken, Vergissmeinnicht, Astern, Butterblumen, Glockenblumen, Gänseblümchen, Löwenzahn)
- Blumendraht
- Zange

1 Zuerst brauchst du eine schöne Sammlung langstieliger Blumen. Bartnelken, Margeriten, Vergissmeinnicht, kleine Rosen, aber auch Wiesenblumen, wie Gänseblümchen, Löwenzahn und Butterblumen kannst du verwenden.

2 Nimm ein Stück Blumendraht und wickle es vorsichtig um deinen Kopf. So kannst du abmessen, wie groß dein Kränzchen werden soll. Schneide den Draht zurecht und verzwirble die Enden miteinander, sodass ein Ring entsteht.

3 Jetzt legst du immer ein paar Blumenstiele zusammen, am besten ein bisschen versetzt voneinander, und umwickelst den Bund ebenfalls mit Blumendraht. Überstehende Blumenstiele schneidest du einfach ab. Dann befestigst du den Bund am Drahtkranz.

4 Bund für Bund knotest du jetzt am Blumendraht fest, bis du einen prachtvollen Blütenkranz hast. Natürlich sind Blumen kein dauerhafter Haarschmuck. Um dein Kränzchen ein wenig haltbarer zu machen, kannst du es zwischendurch in eine große Schüssel mit Wasser legen.

Bunte Samentüten und Stecker

Zum Aufbewahren und Verschenken

Wie genau du Samen erhältst und trocknest, erfährst du auf Seite 8 und 9. Damit du auch im nächsten Jahr Spaß an schönen Blumen in deinem Garten hast, kannst du im Herbst selbstgeerntete Samen schön verpacken und dann im kommenden Frühjahr wieder aussäen.

Material

- getrocknete Samen
- Papiertüten
- buntes Masking Tape
- Plastikgartenschilder
- transparentes Paketklebeband

1 Bekleb einfache Papiertüten mit Masking-Tape-Streifen und im Handumdrehen hast du eine schön verzierte Tüte. Du solltest sie in jedem Fall mit den entsprechenden Pflanzennamen beschriften, damit du bei vielen unterschiedlichen Samen nicht durcheinander kommst.

2 Jetzt befüllst du deine Tüte mit Samen, faltest sie zweimal um und klebst sie auf der Rückseite zu. So schön wie dein Tütchen jetzt aussieht, macht es sich auch prima als kunterbunte Geschenküberraschung!

3 Die Stecker stellst du auf die gleiche Weise her. Bekleb einfach weiße Plastikstecker mit Masking-Tape-Streifen. Dann beschriftest du deine Schilder und klebst einen Streifen durchsichtiges Paketklebeband drumherum, damit deine Schilder auch bei Regen noch gut aussehen. Und jetzt ab mit ihnen ins Beet!

Gartenzwergbande
Farbkleckse fürs Beet

Material
- 3 leere Klorollen
- 3 Papp-Spitzbecher
- Modellgips
- Acrylfarbe in Rot, Rosa, Weiß, Türkis, Pink, Gelb, Hellblau, Grün und Schwarz
- Klarlack
- Pinsel
- Kraftkleber

1 Für diese fröhlichen Gartengesellen musst du zunächst Modellgips anrühren. Achte dabei auf die Herstellerangaben auf der Packung. Du brauchst ca. 250 g. Jetzt stellst du die drei Klorollen aufrecht hin und befüllst sie in unterschiedlichen Höhen mit Gips.

2 Die Papp-Spitzbecher (gibt es oft in Kaufhäusern an Wasserspendern) stellst du mit der Spitze in ein schmales Gefäß, z. B. ein Trinkglas, sodass sie festen Halt haben. Dann befüllst du sie zu ca. 6,5 cm mit Gips. Jetzt heißt es warten – am besten über Nacht – bis deine Gipsteile getrocknet und fest geworden sind. Dann kannst du sie nacheinander aus den Formen herausnehmen.

3 Den Zipfel bemalst du mit knallroter Farbe, wie es sich für einen richtigen Gartenzwerg gehört. Dann kümmerst du dich um den unteren Teil. Mal zuerst die ganze Rolle in einer Farbe an, lass sie gut trocknen und male dann die Details auf.

4 Wenn du zufrieden bist mit deinem Werk, klebst du Zipfel und Zwerg mit Kraftkleber zusammen und bestreichst deine drei Zwerge zum Schluss mit Klarlack, damit sie auch bei Regen im Beet eine gute Figur machen.

Lavendelmännchen

Diese Typen sind duftig!

Material
- getrocknete Lavendelblüten
- roher Milchreis
- alte bunte Socken
- Wollgarn
- Pompons, ø 1 cm
- Wackelaugen, ø 5 mm
- Alleskleber

1 Für diese Lavendellümmel vermischst du in einer Schüssel getrocknete Lavendelblüten und rohen Milchreis zu gleichen Teilen. Dann befüllst du die Socken mithilfe eines Löffels damit. Befüll die Socken so weit, dass ein runder Ball entsteht. Dann bindest du die Socken mit einem Wollfaden zu und verknotest ihn gut.

2 Schneide das Bündchen rundum von der Socke ab und schneide es in zwei Stücke. Das werden die Arme deines Lavendellümmels. Kleb sie rechts und links an den Körper an. Jetzt schneidest du von der Sockenöffnung einmal durch die Socke bis kurz vor den abgeknoteten Kopf. Nun hat dein Männchen auch Beine.

Tipp:
Lavendelblüten trocknest du, indem du blühende Lavendelstängel an einen warmen, dunklen Ort hängst. Nach drei Wochen sind sie getrocknet und du kannst die Blüten vom Stängel abstreifen.

3 Für die Frisur wickelst du einen langen Wollfaden um deine ausgestreckten Finger herum, bis du ein schönes Knäuel zusammen hast. Zieh es von deinen Fingern und wickle um die Mitte einen Wollfaden, den du zusammenknotest. Jetzt kannst du rechts und links vom Scheitel die Fäden durchschneiden. Kleb dein Haarbüschel mit Alleskleber oben auf dein Männchen.

4 Zum Schluss klebst du deinen Lavendellümmeln noch Wackelaugen und eine Pompon-Nase auf. Deine Männchen sehen nicht nur hübsch aus, sondern verjagen auch Motten im Kleiderschrank. Riech mal an ihnen!

Sonnenblumen

Lass die Sonne scheinen!

Sonnenblumen sind einfach zu ziehen und verschönern jeden Garten! Entweder säst du deine Blumen direkt ins Beet oder du ziehst sie in kleinen Pappbechern vor, um sie anschließend in größere Töpfe zu pflanzen. Beides funktioniert prima.

1 Willst du deine Sonnenblumen direkt ins Beet pflanzen, gräbst du zunächst den Boden gut um und glättest ihn mit einem Rechen, sodass die Erde schön fein ist.
Drück ca. 3 cm tiefe Löcher für die Samen im Abstand von 40 cm hinein. Dann säst du die Samen aus und gießt sie regelmäßig. Nach ungefähr drei Wochen werden sie keimen.

2 Sonnenblumen, die auf dem Balkon oder der Terrasse wachsen sollen, ziehst du in kleinen Behältern vor. Schnapp dir dafür mehrere Pappbecher, befülle sie mit guter Komposterde und pflanze immer jeweils ungefähr drei Sonnenblumenkerne 3 cm tief hinein. Stell die Becher an einen sonnigen, warmen Ort und vergiss nicht, sie regelmäßig zu gießen.

3 Wenn die Blumen zu groß für ihren Becher werden, müssen sie in einen größeren Blumentopf oder Kübel umziehen. Am besten, du bindest die Stängel der Sonnenblumen mit Gartenschnur an einem Stock fest, damit sie nicht abknicken.

Samenbomben

Flower-Power! Mach die Welt ein bisschen bunter

Material
- 1 Becher Samen
- 5 Becher Blumenerde
- 4 Becher Tonpulver
- 1–2 Becher Wasser
- Seidenpapier
- Satinband

1 Jetzt wird ordentlich gematscht! Denn um diese Samenbomben herzustellen, musst du dir die Finger richtig dreckig machen! Deshalb ist es in jeden Fall eine gute Idee, die Samenbomben im Freien zu mixen.

2 Such dir eine ausreichend große Schüssel und schütte fünf Becher Blumenerde und einen Becher Blumensamen hinein. Welche du nimmst, bleibt dir überlassen. Im Gartencenter sind auch bereits fertige Samenmischungen erhältlich.

3 Verrühre alles miteinander und gib noch fünf Becher Tonpulver hinzu. Durch das Tonpulver lassen sich die Samenbomben später gut formen, werden schön fest und bleiben in Form.

4 Gib gerade so viel Wasser hinzu, dass eine gebundene Masse entsteht und verknete alles schön miteinander, eventuell musst du mit der Menge des Wassers ein wenig experimentieren.

5 Aus der Masse formst du jetzt Kugeln, die in etwa so groß sein sollten wie Walnüsse. Lass sie ein bis zwei Tage lang trocknen. Dann kannst du sie hübsch in Seidenpapier oder Servietten einschlagen, ein Schleifchen darum wickeln und verschenken. Oder du wirfst die Bomben auf Grünflächen, denen ein paar bunte Blumen gut stehen würden.

Junges Obst und Gemüse

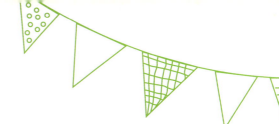

Kleine Aufzuchtstation

Pappbecher zum Vorziehen von Gemüsepflanzen

Im Frühjahr wird gesät! Beachte bei der Aussaat deiner Gemüsesamen immer die Anweisung, wann genau sie ausgesät werden wollen.

Material

- Gemüsesamen (Kürbis, Zucchini, Rote Beete, Möhren, Gurken)
- Aussaaterde oder Komposterde
- Pappbecher

1 Zuerst füllst du Aussaaterde oder Komposterde in einige Pappbecher und drückst sie leicht an. Vielleicht findest du Mandarinenkisten oder andere Kästen, in denen du die Becher aufstellen kannst.

2 Dann säst du deine Gemüsesamen in die leicht angefeuchtete Erde und bedeckst sie, wenn nötig, mit einer Erdschicht. Beim Gießen musst du vorsichtig sein, dass du die Erdschicht nicht wieder wegspülst.

3 Beschrifte deine frisch gesäten Schätze, damit du später weißt, welche Pflanze du vom Becher ins Beet pflanzt.

4 Wenn du die Pappbecher mit Frischhaltefolie abdeckst, verhinderst du ein schnelles Austrocknen der Erde in der Keimphase. Stell deine Becher warm und hell auf, bis die ersten Keimlinge erscheinen, dann entfernst du die Folie.

5 Wenn deine Pflänzchen größer geworden sind, ist es Zeit für sie, ins Gemüsebeet, eine Holzkiste oder einen großen Kübel umzuziehen.

Gemüsekisten
Ein Zuhause für Setzlinge

Material
- Gemüsesetzlinge
- Blumenerde
- Weinkisten aus Holz
- Vorstreichfarbe
- Acryllack
- Teichfolie oder Plastikplane
- Holzbohrer

1 Für diese Gemüsekisten brauchst du Weinkisten aus Holz, diese bekommst du beim Weinhändler. Zuerst bestreichst du sie mit weißer Vorstreichfarbe. Wenn der erste Anstrich getrocknet ist, überpinselst du die Kisten nochmal mit buntem Acryllack.

2 Das Innere der Kisten kleidest du mit etwas Teichfolie oder Plastikplane aus. Dann bohrst du Löcher in den Boden, damit sich das Gießwasser nicht darin staut.

3 Jetzt sind alle Vorbereitungen abgeschlossen und du kannst endlich pflanzen! Füll die Kisten mit Blumenerde randvoll. Dann gräbst du mit einer Handschaufel Pflanzlöcher für deine Setzlinge in die Erde.

4 Denk dran, dass die meisten Gemüsepflanzen, wie Kürbisse, Zucchini, Möhren, Gurken, Lauch und auch Rote Beete, viel Platz brauchen. Pflanze deshalb maximal ein bis zwei Kürbis- oder Zucchinipflanzen pro Kiste ein. Bei den restlichen Gemüsesorten dürfen es ruhig ein paar mehr Pflanzen pro Kiste sein.

5 Beim Hantieren mit den kleinen Pflänzchen musst du vorsichtig sein, sie sind noch nicht so stabil und die kleinen Triebe können leicht abbrechen.

6 Drück die Erde rund um die frischgepflanzten Setzlinge gut an und vergiss nicht, sie zu gießen.

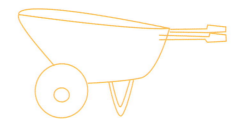

Gemüsekauflädchen

Die Ernte ist da!

Wenn du fleißig gepflanzt, deine Beete regelmäßig vom Unkraut befreit und das Gießen nicht vergessen hast, ist es irgendwann soweit: Die Ernte steht an!

Meist lassen sich im Sommer auf einen Schwung viele Gemüsesorten ernten. Zucchini z. B. musst du sehr regelmäßig ernten, wenn du einen üppigen Ertrag an zarten Früchten haben möchtest. Falls sie zu groß werden, bilden sie Samen aus, was dazu führt, dass keine Blüten mehr nachwachsen.

Nachdem du vor lauter Gemüse nicht mehr weißt wohin, gibt es eine einfache Lösung. Du kannst deine Köstlichkeiten aus dem Garten am Straßenrand den Nachbarn verkaufen. Bestimmt freuen sie sich über so tolles Biogemüse aus deinem Garten!

Ein großer bunt angemalter Pappkarton kann dein Ladentisch sein. Das Obst und Gemüse legst du in kleine Körbe oder Schüsseln. Bestimmt musst du nicht lange auf interessierte Kundschaft warten!

Möhrentüte

Knabberspaß im Plastiksack

1. Möhren kannst du vielfältig anpflanzen, ins Beet, in einen Blumenkübel oder wie hier in eine Plastikeinkaufstasche. Entscheidest du dich für die Plastiktaschen-Variante, stich mit einer Schere Löcher in den Boden, damit das Gießwasser später ablaufen kann und deine Möhren keine nassen Füße bekommen, das mögen sie nämlich nicht.

2. Um die Möhren zu säen, vermischst du die Samen am besten mit ein bisschen Sand. Die Möhrensamen sind nämlich winzig klein und lassen sich auf diese Weise viel einfacher verteilen.

3. Befüll deine Pflanztüte bis knapp unter den Rand mit Blumenerde und gib eine Ladung Kompost als Dünger hinzu. Jetzt ziehst du mit einem Finger Rillen in die Erde und streust deine Samen dort dünn hinein. Mit ein wenig Erde werden sie gut zugedeckt und anschließend angegossen.

4. Es dauert ungefähr zwei Wochen bis die Samen keimen, vorausgesetzt du gießt sie auch regelmäßig! Wahrscheinlich keimen auf diese Weise jede Menge Möhren und du musst einige herauszupfen, damit einzelne Möhren genug Platz zum Wachsen haben. Der Abstand zwischen deinen Pflänzchen sollte ca. 5 cm betragen.

5. Damit deine Möhren den Turbogang einlegen und fleißig wachsen, solltest du sie regelmäßig gießen. Möhrenpflanzen brauchen viel Wasser. Nach ungefähr drei Monaten sind deine Möhren groß genug und du kannst sie ernten!

6. Kipp den Sack auf die Seite und zieh die Möhren vorsichtig aus der Erde. Jetzt schrubbst du sie gründlich unter Wasser, dann kannst du sie knabbern. Lass es dir schmecken!

Vogelscheuche

verjagt freche Vögel

Damit dein Obst und Gemüse nicht von Vögeln aufgefuttert wird, bevor du es selbst geerntet hast, kannst du eine Vogelscheuche aufstellen. Sie verscheucht die hungrigen Diebe!

Material

- Jutestoff, 60 cm x 60 cm
- Stoffrest, 35 cm x 35 cm
- Bastelfilz in Rosa, Rot und Schwarz, 20 cm x 30 cm
- Stroh
- Gartenschnur 1,50 , lang
- Holzstiel, 1,20 m lang
- Holzstiel, 70 cm lang
- Kinderhemd
- Latzhose
- Strohhut
- Alleskleber

1 Zuerst ist der Kopf dran. Falte das Jutestück einmal zu einem Dreieck. Jetzt füllst du den Raum zwischen den beiden Lagen mit Plastikbeuteln oder Stroh. Nimm alle vier Zipfel des Jutetuchs und halte sie in einer Hand, die andere Hand bindet die Zipfel zusammen. Augen, Mund und Wangen schneidest du aus Bastelfilz zurecht und klebst sie mit Alleskleber an Ort und Stelle.

2 Stülpe den Kopf jetzt auf den längeren Holzstiel. Leg den Stiel auf den Boden und positioniere etwa 30 cm vom Kopfende entfernt den kürzeren Holzstiel. Umwickle die Verbindungsstelle des Kreuzes fest mit Gartenschnur.

3 Jetzt bindest du mit der Schnur die Hosenbeine zu und schneidest ein kleines Loch hinten in die Latzhose. Hierdurch steckst du von oben nach unten den langen Stiel. Über den kurzen Stiel ziehst du das Hemd und knöpfst es vorne zu. Jetzt stopfst du Hemd und Hose mit Stroh oder Plastiktüten voll.

4 Binde deiner Vogelscheuche noch ein Halstuch aus einem bunten Stoffrest um und setz ihr einen Hut auf. Jetzt kannst du deine Vogelscheuche aufstellen!

Bunte Beetbegrenzung

Ein selbstgemachter Gartenzaun aus Ästen

Material
- Äste, 50–60 cm lang
- Acryllack in Türkis, Gelb und Pink
- Wäscheleine oder Schnur

1. Wenn du nicht möchtest, dass jemand in dein Beet hineintrampelt oder du etwas Ordnung in dein kleines Stück Garten bringen willst, brauchst du eine Beetbegrenzung. Ein großer Gartenzaun ist dafür nicht notwendig, ein paar Äste reichen schon aus.

2. Such dir im Wald gerade gewachsene Stöcke, die eine ungefähre Länge von 50 bis 60 cm haben. Für kleinere Beete reichen zehn Stück aus, für größere brauchst du entsprechend ein paar Stöcke mehr.

3. Mithilfe von Acryllackfarbe kannst du die Stöcke mit bunten Streifen bemalen, die ruhig unterschiedlich breit sein dürfen. Lass alles gut trocknen.

4. Jetzt steckst du ca. alle 20 cm einen Stock in den Rand deines Beets. Schneide ein ausreichend langes Stück Wäscheleine oder Schnur zurecht, verknote es im oberen Bereich am ersten Stock und fädle es dann zwischen den Stöcken hin und her. Das Ende verknotest du am letzten Stock.

5. Spanne eine weitere Schnur, diesmal im unteren Bereich der Stöcke. Nun hast du einen prächtigen kleinen Zaun!

Erdbeer-Türmchen

So schmeckt der Sommer!

Hinein ins Erdbeerschlaraffenland! Aber bevor du die reiche Ernte einfahren kannst, gibt es noch ein bisschen was zu tun.

Material

- Erdbeerpflanzen
- Blumenerde
- große und kleinere Plastikschale
- kleine Kieselsteine oder Tontopfscherben
- Schaufel
- Gießkanne
- Kastanienbohrer

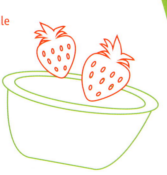

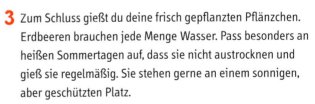

1 Zuerst bohrt ein Erwachsener für dich mit dem Kastanienbohrer fünf oder sechs Löcher in die Böden deiner Plastikschalen. Dann gibst du jeweils eine Schicht Tonscherben oder kleine Kieselsteine in die Schüsseln. Jetzt füllst du beide Schalen bis zum Rand mit Blumenerde auf und stellst anschließend die kleine auf die große Schale.

2 Nimm die Pflanzen aus den Töpfen, in denen du sie gekauft hast und setz sie in ein Pflanzloch, das du vorher mit einer Handschaufel gegraben hast. Drück die Blumenerde rund um die Pflanzen wieder gut fest und achte darauf, dass die Triebe nicht mit Erde bedeckt sind.

3 Zum Schluss gießt du deine frisch gepflanzten Pflänzchen. Erdbeeren brauchen jede Menge Wasser. Pass besonders an heißen Sommertagen auf, dass sie nicht austrocknen und gieß sie regelmäßig. Sie stehen gerne an einem sonnigen, aber geschützten Platz.

4 Jetzt brauchst du nur noch ein bisschen Geduld – aber die wird mit köstlichen Früchten belohnt werden!

Kartoffelkindergarten

Die wunderbare Kartoffelvermehrung

Material

- Kartoffeln
- hoher Pflanztopf, ø 40 cm
- Blumenerde
- Sand
- Gießkanne

Wenn du im Frühjahr eine Kartoffel in die Erde legst, wächst in kurzer Zeit eine ordentliche Pflanze heran. Nach ungefähr 100 Tagen stirbt das Kartoffellaub ab. Jetzt kann geerntet werden!

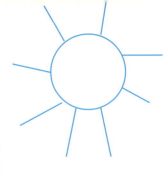

1 Bevor du die Kartoffeln in die Erde legst, lässt du sie vorkeimen, das verschafft ihnen einen Wachstumsvorsprung. Leg sie Anfang März in einen Eierkarton oder eine Holzkiste und stell diese an einen hellen und warmen Ort. Eine Fensterbank funktioniert z. B. prima. Mit der Zeit bekommen die Kartoffeln in deinem Kartoffelkindergarten ungefähr zwei Zentimeter lange Triebe.

2 Mitte April wird gepflanzt. Für einen Pflanztopf brauchst du nur drei mittelgroße Pflanzkartoffeln. Vermisch Blumenerde mit etwas Sand und gib eine 15 cm hohe Schicht davon in den Pflanzkübel. Jetzt legst du die drei Kartoffeln, mit den Trieben nach oben, darauf. Gib noch eine Ladung Erde darüber, bis die Kartoffeln bedeckt sind. Dann gießt du das Ganze regelmäßig und wartest.

3 Wenn die Kartoffeltriebe 10 cm lang sind, füllst du wieder so viel Erde nach, dass nur noch die Blattspitzen zu sehen sind. Auf diese Weise musst du während des ganzen Wachstums der Pflanzen Erde nachfüllen, bis dein Topf randvoll ist. Wenn das Laub der Pflanzen schließlich braun wird, sind sie abgestorben und reif für die Ernte.

4 Zieh immer die ganze Pflanze aus dem Topf und schüttle die Erde ab. Du wirst erstaunt sein, wie viele Kartoffeln dort ungeduldig unter der Erde darauf gewartet haben, von dir geerntet zu werden.

Tipp

Kartoffeln mögen keine nassen Füße. Gießen, nicht Baden ist hier angesagt!

Vorsicht!

Die Früchte, die sich an den oberirdischen Trieben bilden, sind giftig!

Kartoffeldruck

Jetzt wird bunt herumgestempelt

Material

- dicke Kartoffeln
- scharfes Messerchen
- Stoffbeutel in Weiß
- Textilfarbe in Pink, Türkis, Gelb und Hellgrün
- Pinsel
- evtl. Plätzchenausstecher
- Küchentuch
- Bügeleisen
- Karton, A4
- Pappteller

1. Du startest, indem du die Kartoffel halbierst und die austretende Stärke mit einem Küchentuch abtupfst. Dann malst du dir ein Wunschmotiv auf die Kartoffel und ein Erwachsener schneidet es mit dem Messer für dich ungefähr 0,5 cm tief aus.

2. Von den Textilfarben gibst du ein paar Kleckse auf einen Pappteller und streichst sie dann mit einem Pinsel auf deinen Kartoffelstempel. Mach zuerst einen Testabdruck auf einem Stück Papier. Gefällt er dir, kannst du mit dem Bedrucken deiner Stofftasche starten. Vorher legst du noch einen Karton in die Tasche, damit die Farbe nicht durchdrückt.

3. Drück den Stempel an der gewünschten Stelle fest auf und versuch, nicht zu wackeln! Lass alles gut trocknen.

4. Gefällt dir dein Meisterwerk, solltest du es haltbar machen. Dafür legst du ein Küchentuch auf die Tasche und ein Erwachsener bügelt für dich mit einem Bügeleisen über deine Stempelkunst. Fertig ist deine ganz besondere, schick bestempelte Tasche!

Minitomaten
Knallig rote Köstlichkeiten aus dem Kübel

1 Tomatenpflanzen brauchen nicht viel Platz. Sie wachsen auch prima in Kübeln. Streu im März deine Tomatensamen auf Anzuchterde in kleinen Pappbechern und bedecke sie etwa 5 mm dick mit Erde. Tomatenpflanzen haben es gerne warm, stelle die Becher deshalb z. B. auf eine sonnige Fensterbank.

2 Wenn sie zu kleinen Pflänzchen herangewachsen sind, müssen sie in einen Kübel umziehen. Wichtig: Der Kübel muss Löcher im Boden haben, damit sich das Gießwasser nicht staut. Befüll den Kübel mit Blumenerde und pflanz deine Tomatenpflanzen vorsichtig hinein.

3 Als Dünger gibst du zwei Schaufeln Kompost hinzu. Drück die Erde rings um die Pflanzen schön fest und achte darauf, dass alle Wurzeln gut bedeckt sind. Jetzt suchst du dir ein geeignetes sonniges Plätzchen für deine Tomatenpflanzen und gießt sie an.

4 Je größer deine Pflanzen werden, desto dringender brauchen sie einen Stab als Stütze. Bind den Haupttrieb der Tomatenpflanze am Stab fest. Die Seitentriebe solltest du immer abzwicken, denn weniger Blätter bedeuten mehr Früchte. Jetzt heißt es warten, und natürlich regelmäßig gießen, damit die Pflanzen schön wachsen!

Tipp
Im Herbst kannst du vor dem ersten Frost auch noch alle grünen Tomaten abernten und sie auf der Fensterbank nachreifen lassen. Das funktioniert prima!

Kürbisse
Hübsche Herbstfreude

1. Kürbissamen werden zwischen Mitte April und Mitte Mai ausgesät. Befüll kleine Pappbecher oder Töpfe mit Blumenerde und bohr mit deinem Finger ein Loch in die Erde. Pro Topf pflanzt du einen Samen ein, und zwar mit der spitzen Seite nach unten – nicht flach. Dann deckst du ihn mit Blumenerde zu.

2. Vergiss nicht, deine frisch gesäten Kürbisse anzugießen und an einen warmen Ort zu stellen. Am Anfang sind sie auf einer Fensterbank gut aufgehoben. Etwa Mitte Mai kannst du die Pflanzen in einem Quadratmeter Abstand voneinander ins Beet pflanzen.

3. Kürbisse brauchen nährstoffreiche Erde. Bevor du sie ins Beet pflanzt, solltest du die Erde lockern und Komposterde untergraben. Nimm den Wurzelballen ganz vorsichtig aus dem Topf, pflanz die Kürbispflanze in ein vorher gegrabenes Pflanzloch ein und drück die Erde drumherum gut an.

4. Alles, was dein Kürbis jetzt noch zum Wachsen braucht, ist eine Menge Sonne und Wasser. Also gießen nicht vergessen!

5. Wenn deine Pflanze viele Früchte gebildet hat, kannst du die Triebspitzen abschneiden. So geht alle Wuchskraft der Pflanze in die Früchte und verhilft dir zu dicker Ernte!

6. An Halloween kannst du aus deinen geernteten Kürbissen gruselige Laternen schnitzen. Oder du malst sie bunt an – das sieht auch schön aus. Essen kannst du sie selbstverständlich auch, wie wäre es mit einer leckeren Kürbissuppe?

Tipp
Leg deine Kürbissamen vor dem Auspflanzen in warmes Wasser und lass sie vorquellen. So keimen sie schneller.

Kräuterhexchen

Kräuter

Hier entlang zur Schnupperstunde!

Um immer einen guten Vorrat an Kräutern zu haben, brauchst du kein Gartenbeet. Du kannst sie prima in Blumenkästen und Töpfen auf einer sonnigen Terrasse oder Fensterbank anbauen – dann ist der Weg in den Kochtopf auch nicht so weit! Kräuter brauchen die Wärme der Sonne, nur so können sie sich entwickeln. Die meisten Kräuter sind kurz vor oder bei beginnender Blüte am aromatischsten.

1 Sobald der erste Frost kommt, beginnt für Kräuter die Ruhephase oder sie sterben ab. Aber du kannst sie gut haltbar machen, indem du sie trocknest. Rosmarin, Thymian, Salbei, Oregano, Majoran oder Bohnenkraut eignen sich besonders dafür. Wähle frische, gesunde Triebe aus und schneide sie mit einer Schere ab. Damit die Pflanze wieder austreiben kann, platzierst du den Schnitt immer oberhalb eines Blattpaares.

2 Binde die Stiele mit einem Bindfaden zu kleinen Sträußen zusammen. Diese hängst du dann an einen schattigen, trockenen und warmen Ort – und zwar kopfüber. Am besten, du spannst dafür irgendwo eine Schnur und knotest die Sträuße daran an. Die Kräuter brauchen an der Luft zwei bis drei Wochen bis sie trocken sind.

3 Du kannst die geernteten Kräuter auch auf ein Blech mit einem Stück Backpapier legen und das Ganze dann bei 35° C im Backofen einige Stunden lang trocknen. Ob deine Kräuter so richtig trocken sind erkennst du daran, dass sich ihre Blätter leicht zerbröseln lassen.

Spielzeuglaster-Kräuterbeet

Tut tut! Hier kommt eine Ladung Köstlichkeiten

Mag sein, ein Spielzeuglaster als Blumentopf ist vielleicht etwas ungewöhnlich – aber er funktioniert prima und sieht dazu noch hübsch aus. Außerdem kann er als Kräuterexpress direkt bis vor die Küchentür gefahren werden!

Material

- Kräuterpflanzen (Rosmarin, Salbei, Thymian und Majoran)
- Spielzeuglaster oder Trecker aus Holz mit Anhänger
- Vorstreichfarbe in Weiß
- Acryllack in Pink, Türkis und Gelb
- Teichfolie
- Holzbohrer
- Pinsel
- Blumenerde
- kleine Kieselsteine
- Handschaufel

1 Pinsel den ganzen Laster mit Vorstreichfarbe ein und lass sie gut trocknen. Dann bemalst du deinen Holzlaster mit Acrylfarbe. Acrylfarbe braucht längere Zeit zum Trocknen – am besten du wartest einen Tag lang, bevor du weitermachst.

2 Leg den Anhänger mit etwas Teichfolie oder Plastikplane aus. Dann bohrt ein Erwachsener für dich Löcher in die Plane und den Boden des Anhängers, durch die später das Gießwasser abfließen kann.

3 Leg den Boden deines Anhängers mit einer dünnen Schicht Kieselsteine aus. Dann füllst du den Rest mit Blumenerde auf. Mit einer Handschaufel kannst du kleine Pflanzlöcher für deine Kräuter ausheben. Nimm die Kräuter vorsichtig aus dem Pflanztopf, zupf die Wurzelballen ein wenig auseinander und pflanz sie dann in die Löcher. Jetzt noch die Erde andrücken und angießen, fertig!

Tier-Stecker

Jetzt wird's bunt im Kräutertopf

Damit du deine Kräuter immer gut unterscheiden kannst, solltest du sie kennzeichnen. Eine besonders bunte Weise dies zu tun, ist diese hier.

Material

- Plastiktiere, ca. 10–12 cm lang
- Acryllack in Blau, Türkis, Rosa, Hellgrün, Gelb und Orange
- Permanentmarker in Pink
- Kastanienbohrer
- Schaschlikspieße

1 Du brauchst ein paar Plastiktiere aus deiner Spielzeugkiste. Diese wäschst du mit Spülmittel gut ab und tupfst sie danach schön trocken, damit auch ja keine Rückstände von Fett und Dreck an ihnen haften, sonst hält die Farbe nicht.

2 Jetzt malst du sie mit Acryllack in knalligen Farben an und lässt sie trocknen. Wahrscheinlich brauchen sie noch einen zweiten Anstrich. Als nächstes bohrt ein Erwachsener für dich mit dem Kastanienbohrer ein Loch auf der Unterseite in den Bauch der Tiere. Hier hinein steckst du einen Schaschlikspieß.

3 Jetzt geht es ans Beschriften. Schreib mit einem Permanentmarker auf die Tiere drauf, welchen Kräutertopf sie bewachen und steck den Spieß samt Tier in die Erde. So weißt du immer, welches Kraut wo zu finden ist und bist ein richtiger Kräuterexperte!

Monstertöpfe

Diese Monster haben dufte Frisuren

Material

- frische Kräuter im Topf (z. B. Petersilie, Schnittlauch, Basilikum, Rosmarin oder Kresse)
- Übertöpfe in verschiedenen Größen und Farben
- Schaschlikspieße
- Wackelaugen, ø 40 mm, 30 mm und 10 mm
- Wattekugeln, ø 30 und 40 mm
- Schraubverschlüsse in Weiß, ø 25 mm
- Permanentmarker in Weiß und Schwarz
- Alleskleber

1 Welche Augen möchtest für deine Monster? Nimm Wattekugeln und male ihnen mit schwarzem Permanentmarker runde Pupillen auf. Dann steckst du die Kugelaugen auf Schaschlikspieße und diese in deinen Kräutertopf. Oder du klebst große Wackelaugen direkt auf die Schaschlikspieße.

2 Klebe Wackelaugen auch auf Schraubverschlüsse, z. B. von Milchtüten, und diese wiederum auf den Übertopf. Jetzt hast du schonmal eine ganze Menge Augen.

3 Für den letzten Schliff bekommen deine Monstertöpfe Münder aufgemalt. Schnapp dir den Permanentmarker und zeichne lustige oder gruselige Münder, mit oder ohne Zähne, ganz nach deinem Geschmack auf.

4 Jetzt ist es Zeit für anständige Frisuren – die Kräuter ziehen ein! Petersilie, Schnittlauch, Basilikum, Rosmarin und auch Kresse ergeben lustige Frisuren. Diese kannst du frisch im Supermarkt kaufen.

5 Vergiss nicht, deine Kräuter regelmäßig zu gießen. Ab und zu spielst du den Monsterfriseur, greifst zur Schere und verpasst ihnen einen neuen Haarschnitt und dir frische Kräuter für dein Essen!

Dino-Duft-Dschungel

Ein Spielparadies im Kräuterbeet

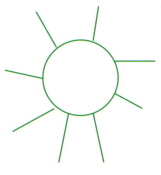

Material

- Zitronenmelisse
- Pfefferminze
- Basilikum
- Rosmarin
- Thymian
- Salbei
- Spielzeugdinosaurier
- Handschaufel
- Steine
- Äste

Wenn du dir bestimmte Kräuter mal genauer ansiehst, wirst du feststellen, dass ihre Blätter tolle Formen und Farben haben. Stell dir vor, sie wären so groß wie ein Baum und bilden einen ganzen Dschungel für deine Spielzeugdinosaurier aus der Spielzeugkiste.

1 Such dir ein sonniges Stückchen Erde aus, das du bepflanzen darfst. Befrei es von Unkraut und großen Steinen und buddel mit einer Handschaufel Pflanzlöcher in die Erde. Hier hinein pflanzt du deine Kräuter.

2 Drück die Erde rundherum wieder gut fest und gieß sie vorsichtig an. Jetzt braucht dein Spiel-Dschungel noch ein bisschen Dekoration. Such dir große Steine als Gebirge, pflastere Wege mit Kieselsteinen, bau Brücken aus Ästen oder grab eine Schüssel in die Erde ein und befüll sie mit Wasser, jetzt hast du einen See.

3 Wenn du mit deinem Werk zufrieden bist, können die Dinosaurier einziehen und du kannst losspielen. Und zwischendurch schließt du die Augen und schnupperst. Duftet dein Dschungel nicht ganz wunderbar?

Tipp

Deinen Duft-Dschungel kannst du natürlich auch prima in einem Kübel anpflanzen.

Pfefferminze
Zeit für ein Tee-Kränzchen

Pfefferminze ist eine tolle Pflanze für deinen Garten. Sie ist unkompliziert und pflegeleicht anzubauen. Aus den Blättern kannst du Tee kochen, der so viel leckerer und frischer schmeckt als der Beuteltee aus dem Supermarkt.

Im Mai kannst du junge Pfefferminzpflanzen im Gartencenter kaufen und sie direkt in deinen Garten oder in einen Kübel pflanzen. Es gibt die verschiedensten Sorten: Marokkanische Minze, Englische Minze, Gekrauste Minze, Zitronen-Minze und sogar Bananen-Minze!

Die winterharten Pfefferminzsorten benötigen ein halbschattiges Plätzchen zum Wohlfühlen. Pfefferminze wuchert gerne, deshalb solltest du beim Einpflanzen darauf achten, dass jede Pflanze genügend Platz um sich herum hat.

Im Herbst kannst du schließlich im großen Stil ernten. Schneide die Pflanze herunter und häng die abgeschnittenen Stiele zum Trocknen auf. Mit diesem Schnitt kommt die Pflanze gut durch den Winter und treibt im nächsten Jahr wieder aus.

Für eine Kanne Pfefferminztee schneidest du vier Zweige ab und legst sie in die Kanne. Dann bringt ein Erwachsener für dich Wasser zum Kochen und überbrüht deine Minze damit – Vorsicht, heiß! Jetzt lässt du den Tee fünf bis sieben Minuten lang ziehen und fertig ist dein selbstgemachter Pfefferminztee!

Tipp
Pfefferminztee ist erfrischend und gesund. Er kann Bauchschmerzen lindern und tut gut, wenn du erkältet bist.

Mini-Garten

Das Beet, das in die Hand passt

Hier kommt der Mini-Garten, der so klein ist, dass er in deine Hand passt und zu jeder Jahreszeit gepflanzt werden kann. Und das Beste, er ist ein schickes Zuhause für klitzekleine Spielsachen!

Material

- Kressesamen
- kleine Figuren aus der Spielzeugkiste
- 4 große Plastikschraubdeckel, ø ca. 10 cm
- Küchenpapier

1 Schnapp dir einen sauberen Schraubdeckel und leg feuchtes Küchenpapier hinein. Dann verteilst du die Samen darauf. Kresse- oder Senfsamen funktionieren am besten, weil sie schnell keimen und auf feuchtem Küchenpapier raketenmäßig wachsen, dazu brauchen sie nicht einmal Erde!

2 Vielleicht willst du eine Stelle frei lassen, damit du später eine kleine Spielfläche hast.

3 Jetzt musst du deinen kleinen Garten nur noch regelmäßig gießen. Schon nach ein bis zwei Tagen keimen deine Samen und nach ca. fünf Tagen ist ein kleiner Dschungel für deine Minifiguren entstanden. Die Stängel der Kresse schmecken übrigens auch prima auf deinem Butterbrot, probier's aus!

Tipp

Das Ganze funktioniert auch mit anderen Samen und Sprossen, wie z. B. Senfsamen, Alfalfa, Radieschen, Rote Beete und Kichererbsen

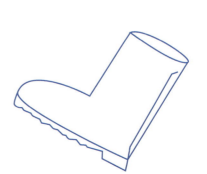

Flauschige Insekten

Das große Krabbeln für deine Beete

Material

- 🌸 Riesenpompons in Pink, Türkis, Grün, Gelb und Orange, ø 50 mm
- 🌸 Pompons in Pink, Türkis, Grün, Gelb und Orange, ø 25 mm
- 🌸 Wackelaugen, ø 20 mm und 10 mm
- 🌸 Pfeifenputzer
- 🌸 Schaschlikspieße
- 🌸 Alleskleber

1. Um diese lustigen Krabbelkäfer deinen Blumentopf bevölkern zu lassen, klebst du zunächst drei gleichgroße, verschiedenfarbige Pompons aneinander. Du kannst die Käfer aus großen oder kleinen Pompons anfertigen – ganz nach deinem Geschmack.

2. Jetzt klebst du vorne auf den ersten Pompon zwei Wackelaugen nebeneinander. Auf die großen Pompons kommen die Augen mit 20 mm Durchmesser und auf die kleineren die mit 10 mm Durchmesser.

3. Aus Pfeifenputzern schneidest du sechs 5 cm lange Stücke zurecht und biegst sie jeweils an einem Ende um. Das sind die Käferbeine, kleb sie an Ort und Stelle.

4. Dann brauchst du ein 15 cm langes und ein 30 cm langes Stück Pfeifenputzer. Das 15 cm lange Stück knickst du in der Mitte – das sind die Fühler des Käfers. Kleb sie von hinten an den vorderen Pompon.

5. Verzwirble die Enden des 30 cm langen Stücks miteinander, sodass ein Kreis entsteht. Dann verdrehst du den Kreis in der Mitte und du hast eine 8, das sind die Flügel deines Käfers. Kleb sie zwischen den mittleren und den hinteren Pompon.

6. Jetzt steckst du noch einen Schaschlikspieß durch den mittleren Pompon und kannst den fertigen Käfer in dein Beet stecken.

Garten für Tiere

Feengärtchen

Hereinspaziert ins Reich der Fantasie

Material

- Pfennigkraut
- Bärengras
- Mühlenbeckia
- Blumenerde
- Pflanzkübel
- kleine Äste
- kleine Baumtriebe
- kleine Deko-Vögel
- Papierstrohhalme
- buntes Masking Tape
- Schnur
- Glas-Nuggets, ø 15–20 mm

Ein Feengärtchen lässt sich prima bespielen und immer wieder jahreszeitengemäß verwandeln.

1. Für das sommerliche Feengärtchen befüllst du zunächst einen Kübel mit Blumenerde. Dann schaufelst du kleine Pflanzlöcher. Pflanze Gräser, Rankpflanzen und kleine Bäume an deine Wunschorte und lass dazwischen ein wenig Platz für Wege, die sich hindurchschlängeln. Diese legst du mit Glas-Nuggets aus.

2. Für die Wimpelkette klebst du Masking Tape Streifen um die Schnur und schneidest die Streifen jeweils in Wimpelform zurecht. Dann knotest du die Schnur an den Strohhalmen fest und steckst sie in die Erde.

3. Ein toter kleiner Ast dient als Baum für kleine Dekovögelchen. Kleb sie einfach mit Kraftkleber auf die Zweige und steck den Ast in die Erde.

4. Jetzt ist dein Feengärtchen fertig und du kannst losspielen. Vielleicht findest du ja ein paar kleine Puppen oder Figuren, denen du Feenflügel ankleben kannst.

Wassertümpel im Bottich
Teichidyll im Miniformat

Wasser macht richtig viel Spaß und ganz besonders im Sommer. Bau dir einen Miniteich in einer Zinkwanne oder einem Plastikkübel. Das geht schnell und einfach!

Material

- Sumpf- und Wasserpflanzen (Pfennigkraut, Schachtelhalm, Sumpfdotterblume, Wasserschwertlilie, Teichrose und Wasserhyazinthen)
- Zinkwanne, 70 cm x 45 cm
- große Steine

1 Bevor du loslegst, überleg dir gut, wo deine Wanne stehen soll. Ist sie erst einmal mit Wasser gefüllt, lässt sie sich schwer hin und her bewegen. Stell sie an einen hellen Platz, da fühlen sich Wasserpflanzen am wohlsten.

2 Zuerst schichtest du große Steine an der Seite der Wanne bis 15 cm unter den Rand. Hierauf kommen in Pflanzkörben die Pflanzen, die für den Sumpfbereich vorgesehen sind. Alle anderen dürfen etwas tiefer stehen.

Tipp

Grundsätzlich ist dein Teich sehr pflegeleicht. Im Hochsommer jedoch solltest du regelmäßig Wasser nachfüllen. Alte Blätter kannst du mit der Hand rausfischen.

3 Falls du eine Teichrose pflanzen willst, kommt ihr Pflanzkorb auf den Grund der Wanne. Jetzt kannst du Wasser einfüllen. Am besten eignet sich dafür Wasser aus der Regentonne. Füll die Wanne bis kurz unter den Rand, dann kannst du noch schwimmende Wasserpflanzen wie Wasserhyazinthen, Wassersalat oder -linsen ins Becken packen. Und fertig ist dein Miniteich!

Vogelplanschbecken

Ein Badeparadies für Vögel

Material
- Tontöpfe, ø 7 cm, 15 cm, 20 cm und 24,5 cm
- Ton-Untersetzer, ø 27 cm
- Acryllack in Rosa, Hellblau, Gelb, Hellgrün und Pink
- Kraftkleber

Wenn es im Sommer so richtig heiß ist, freust nicht nur du dich über eine nasse Abkühlung. Auch Vögel lieben eine kleine Erfrischung. Da kommt ein Vogelbad wie gerufen. Dieses hier ist kunterbunt und wird aus Tontöpfen gebastelt.

1. Zuerst malst du die Tontöpfe mit Acrylfarbe an und zwar jeden einzelnen in einer anderen Farbe. Lass den ersten Anstrich trocknen und streich noch ein zweites Mal darüber, sodass die Farben gut decken.

2. Auch der große Ton-Untersetzer bekommt einen doppelten Anstrich. Wenn alles gut getrocknet ist, geht es ans Zusammenbauen. Stelle den größten Topf mit der Öffnung nach unten auf den Boden, den Topf mit 20 Zentimetern Durchmesser stülpst du darüber und über ihn stülpst du den Topf mit 15 Zentimetern Durchmesser.

3. Wenn du sicher gehen willst, dass nichts verrutscht, klebst du die Töpfe mit Kraftkleber zusammen.

4. Oben auf deinen Turm klebst du den Untersetzer. Den kleinsten Tontopf klebst du in die Schale hinein. Im Sommer kannst du Blümchen in den kleinen Tontopf hineinpflanzen und im Winter kannst du ihn mit Vogelfutter befüllen.

5. Jetzt füllst du noch frisches Wasser in die Schale und schon kann der Planschspaß für die Vögel im Garten beginnen! In deiner Vogeltränke werden die Vögel trinken, sich abkühlen und ihr Gefieder pflegen. Deshalb solltest du das Wasser regelmäßig wechseln.

6. Stell die Vogeltränke in eine offene und übersichtliche Umgebung, in der sich keine Stellen zum Verstecken für Katzen befinden. Nur so können die planschenden Vögel heranschleichende Katzen rechtzeitig entdecken und flüchten.

Tipp
Reinige die Vogeltränke mit heißem Wasser und einer einfachen Bürste, bevor du das Wasser erneuerst.

Regenwurmhotel
Wunder-Würmer-Erforschungsstation

Material
- Glas, ø 10–15 cm, ca. 25 cm hoch
- Blumenerde
- Blätter oder Zeitungsschnipsel
- Gemüse- und Obstreste (z. B. Möhrenschalen, Apfelschalen, Salatblätter)
- Haferflocken
- Tuch
- kleine Steinchen
- Sand

Dieses Regenwurmhotel zeigt dir, was für wundersame und fleißige Wesen Regenwürmer sind. Sie verwerten Pflanzenreste, sorgen für eine gute Durchlüftung der Erde und erzeugen natürlichen Dünger, nämlich Komposterde.

1 Zuerst füllst du eine Schicht kleiner Steinchen auf den Boden des Glases. Dann folgt eine Schicht Sand, dann Erde. Zwischendurch kannst du eine Lage Blätter oder Zeitungsschnipsel einstreuen und dann weiter Sand und Erde aufhäufen. Zum Schluss gibst du Gemüse- oder Obstreste als Futter obendrauf.

2 Jetzt gehst du auf Regenwurm-Suche. Schnapp dir einen Spaten und grab dich durch die Beete. Du brauchst nicht mehr als zehn Würmer, sonst muss dein Hotel wegen Überfüllung geschlossen werden! Gib sie in dein vorbereitetes Glas, befeuchte das Ganze leicht und deck es mit einem Tuch ab.

3 Regenwürmer mögen kein Sonnenlicht! Wärme übrigens auch nicht, stell deshalb das Glas in jedem Fall an einen schattigen Ort.

4 Alle paar Tage fütterst du die Regenwürmer mit Salatblättern, Möhrenschalen oder Haferflocken.
Nach drei Wochen kannst du gut sehen, wie sie das Glas schön umgegraben und Gänge hineingezogen haben. Wenn du das Gefühl hast, genug geforscht zu haben, lass die Regenwürmer auf euren Komposthaufen umziehen.

Insektengucker
Käferglas für neugierige Nasen

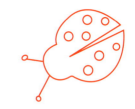

Material
- großes Glas, 750 g
- 2 Wackelaugen, ø 20 mm
- Pfeifenputzer, ø 9 mm
- Bastelfilz in Rot, Hellgrün und Schwarz
- Acrylfarbe in Schwarz
- Alleskleber

1 Für diesen lustigen Insektengucker nimmst du ein sauberes Glas und schraubst den Deckel ab. Pinsel ihn mit schwarzer Acrylfarbe an.

2 Aus hellgrünem Filz schneidest du einen 6 cm breiten und 30 cm langen Streifen zurecht. Jetzt schneidest du kleine Ecken hinein, sodass eine Art Wiese entsteht. Kleb den Streifen einmal rings um dein Glas herum.

3 Die Oberseite des Deckels beklebst du mit rotem Filz. Dann verschönerst du den roten Filz noch mit schwarzen Punkten und du hast einen Marienkäfer. Schraub den Deckel wieder auf das Glas.

4 Schneid dir aus den Pfeifenputzern zwei 10 cm lange Fühler zurecht und kleb sie vorne mittig auf den Deckelrand. Rechts und links davon klebst du die Wackelaugen auf.

5 Jetzt kannst du auf Beobachtungstour gehen. Aber Vorsicht, geh immer ganz behutsam mit den Tieren um, die du in dem Glas beobachtest und lass sie danach direkt wieder frei.

Vogelfutter

Hurtig Vögel kommt zu Tisch!

Material
- Vogelfutter
- Pflanzenfett, 500 g
- Pappbecher
- Papierstrohhalme
- Schaschlikspieße
- Prickelnadel
- Topf
- Wolle
- Schere

1 Lass das Pflanzenfett in einem Topf auf dem Herd schmelzen, ein Erwachsener hilft dir dabei. Schütte eine Tüte Vogelfutter dazu und verrühr das Ganze gut. Lass alles etwas abkühlen.

2 In der Zwischenzeit bohrst du gemeinsam mit deinem Erwachsenen Helfer mit einer Prickelnadel Löcher für die Schaschlikspieße durch das untere Viertel deiner Papierstrohhalme. Steck die Spieße hindurch und kürze sie mit der Schere.

3 Jetzt brauchst du die Pappbecher. Je bunter sie sind, umso farbenfroher wird dein Garten im Winter sein! Stell den Strohhalm in einen Becher, die Seite mit dem Spieß schaut dabei raus. Dann füllst du vorsichtig das Vogelfutter hinein. Der Inhalt deiner Vogelfutterbecher muss jetzt richtig gut abkühlen und fest werden.

4 Dann kannst du mit der Nadel durch den seitlichen unteren Rand des Bechers stechen und den Wollfaden hindurch ziehen. Verknote die beiden Enden und schon hast du eine prima Aufhängung für deine Vogelfutterbecher.

Käferketten

Was krabbelt denn da um den Hals herum?

Material
- Plastikkäfer
- Strohhalme in Pink, Blau, Gelb und Grün
- Holzperlen
- Pompons
- Gummischnur, 1,5 m lang
- 2 Ringschrauben, 8 mm x 3 mm
- Holzbohrer
- dicke Nadel

1 Als Erstes bohrst du zusammen mit einem Erwachsenen mit dem Holzbohrer ein Loch vor. Und zwar mittig zwischen die Fühler in den Kopf deines Käfers. Dort kannst du eine Ringschraube hineinschrauben.

2 Schneide dir aus der Gummischnur ein 80 cm langes Stück zurecht, mach einen Knoten in ein Ende und fädle das andere Ende in eine Nadel ein.

3 Die Strohhalme schneidest du auf 15 bis 25 mm lange Stücke. Dann legst du dir Perlen, Pompons und Strohhalmstücke in deiner gewünschten Reihenfolge zurecht und fädelst sie mithilfe der Nadel auf die Gummischnur auf.

4 Auf die Mitte der Schnur, also nach der Hälfte der Perlen, Pompons und Strohhalmstücke, wird dein Käfer aufgefädelt. Danach folgen die restlichen Perlen, Pompons und Strohhalmstücke. Hast du das geschafft, musst du nur noch die beiden Schnurenden miteinander verknoten und schon kannst du dein Schmuckstück tragen.

Unterwassergucker
Voller Durchblick – auch im Gartenteich

Um Tiere im Teich beobachten zu können, ist dieser Unterwassergucker eine tolle Sache.

Material
- leere Plastikflasche, 1,5 l
- Wäscheleine, 1 m lang
- buntes Klebeband oder Duct Tape in Pink und Türkis
- Nieten
- Lochzange
- Schere

1 Lass dir von einem Erwachsenen die obere Hälfte einer Plastikflasche mit einer spitzen Schere abschneiden, denn du brauchst nur den unteren Teil. Bekleb den Rand des unteren Teils mit Duct Tape. Aber Vorsicht, verwende nicht zu viel, denn du willst ja den vollen Durchblick behalten!

2 Bohre mit der Schere rechts und links unterhalb des Flaschenrands zwei Löcher. Mit einer Nietenzange befestigst du zwei Nieten in den Löchern. Jetzt steckst du die beiden Enden der Wäscheleine in jeweils eine Öffnung und machst einen Knoten in jedes Ende.

3 Fertig ist deine Beobachtungsflasche. Einfach eintauchen, durchs Wasser ziehen, wieder hoch holen und gucken, was du herausgezogen hast. Du wirst erstaunt sein, wie viel Leben in so einem Teich ist!

Buchtipps

Alle Kinderbücher der Autorin Pia Deges, die bisher im frechverlag erschienen sind

TOPP 5767
ISBN 978-3-7724-5767-8

TOPP 5780
ISBN 978-3-7724-5780-7

TOPP 5718
ISBN 978-3-7724-5718-0

TOPP 5875
ISBN 978-3-7724-5875-0

TOPP 5795
ISBN 978-3-7724-5795-1

TOPP 3978
ISBN 978-3-7724-3978-0

Noch mehr Bastelideen für kleine Hände!

In diesen Büchern finden sich Ideen zu den klassischen Bastelthemen, die besonders gut für die Kleinsten geeignet sind

TOPP 5689
ISBN 978-3-7724-5689-3

TOPP 5710
ISBN 978-3-7724-5710-4

TOPP 5715
ISBN 978-3-7724-5715-9

TOPP 5672
ISBN 978-3-7724-5672-5

TOPP 5676
ISBN 978-3-7724-5676-3

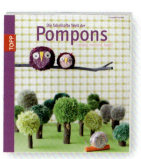

TOPP 5677
ISBN 978-3-7724-5677-0

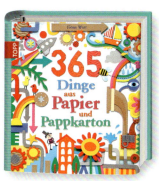

TOPP 5758
ISBN 978-3-7724-5758-6

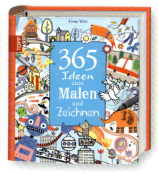

TOPP 5734
ISBN 978-3-7724-5734-0

TOPP 5768
ISBN 978-3-7724-5768-5

TOPP 5769
ISBN 978-3-7724-5769-2

TOPP 5792
ISBN 978-3-7724-5792-0

TOPP 5714
ISBN 978-3-7724-5714-2

Den grünen Daumen hat **Pia Deges** von ihren Eltern geerbt.
Jetzt hat sie selber einen verwunschenen Garten, in dem gefräßige Rehe, Hasen und ein frech-fleißiger Maulwurf wohnen.
Als Kind hat sie sich gewünscht, dass aus eingepflanzten Himbeerbonbons Himbeerbonbonbäume werden. Dass das nicht funktioniert, findet sie heute noch schade.
Obwohl Pia Deges beim Fernsehen arbeitet, glotzt sie selber so gut wie nie.
Lieber backt und näht sie, oder buddelt sich durch ihren Garten.
Pia Deges lebt im Grünen – und das mitten im Ruhrgebiet.

Danke

Ein dickes Dankeschön geht an Philipp, Anton, Klara und Sophie. Ihr seid die perfekte Gartenbande! Babette sage ich Dankeschön für ihren heldenhaften Einsatz, Carolin für die tolle Zusammenarbeit und Michael für die schönen Bilder.

Ein herzliches Dankeschön der Firma Rice (Odense, DK) für die freundliche Unterstützung mit Materialien.

Servicegarantie

Hilfestellungen zu allen Fragen, die Materialien und Bastelbücher betreffen:
Frau Erika Noll berät Sie.
Rufen Sie an: 05052/911858*

*normale Telefongebühren

Impressum

FOTOS: frechverlag GmbH, 70499 Stuttgart; lichtpunkt, Michael Ruder, Stuttgart
PRODUKTMANAGEMENT UND LEKTORAT: Carolin Eichenlaub
GESTALTUNG: fsm premedia, Melanie Everding
DRUCK: APPL, Wemding

Materialangaben und Arbeitshinweise in diesem Buch wurden von der Autorin und den Mitarbeitern des Verlags sorgfältig geprüft. Eine Garantie wird jedoch nicht übernommen. Autorin und Verlag können für eventuell auftretende Fehler oder Schäden nicht haftbar gemacht werden. Das Werk und die darin gezeigten Modelle sind urheberrechtlich geschützt. Die Vervielfältigung und Verbreitung ist, außer für private, nicht kommerzielle Zwecke, untersagt und wird zivil- und strafrechtlich verfolgt. Dies gilt insbesondere für eine Verbreitung des Werkes durch Fotokopien, Film, Funk und Fernsehen, elektronische Medien und Internet sowie für eine gewerbliche Nutzung der gezeigten Modelle. Bei Verwendung im Unterricht und in Kursen ist auf dieses Buch hinzuweisen.

1. Auflage 2014
© 2014 **frechverlag** GmbH, 70499 Stuttgart
ISBN 978-3-7724-5686-2 • Best.-Nr. 5686   PRINTED IN GERMANY